民间药王

孙思邈

郝俊红 编写

吉林出版集团股份有限公司

全国百佳图书出版单位

图书在版编目（CIP）数据

民间药王　孙思邈 / 郝俊红编. -- 长春：吉林
出版集团股份有限公司，2020.2（2023.5重印）

ISBN 978-7-5581-7922-8

Ⅰ．①民… Ⅱ．①郝… Ⅲ．①孙思邈（581—682）—
传记 Ⅳ．①K826.2

中国版本图书馆CIP数据核字(2019)第272650号

民间药王　孙思邈
MINJIAN YAOWANG
SUN SIMIAO

编　写　郝俊红
策　划　曹　恒

责任编辑　黄　群
　　　　　林　琳
封面设计　MM末末美书

开　本	710mm×1000mm　1/16	出版/发行	吉林出版集团股份有限公司
字　数	75千	地　　址	吉林省长春市福祉大路5788号
印　张	8	邮　　编	130000
版　次	2020年2月第1版	电　　话	0431-81629968
印　次	2023年5月第2次印刷	邮　　箱	11915286@qq.com

印　刷　三河市金兆印刷装订有限公司　ISBN 978-7-5581-7922-8　定　价 39.80元

前言

　　中医文化是中国优秀传统文化的重要组成部分，具有创新文化的潜质。中医学是中国传统科学中沿用至今的富有中国文化特色的医学，它具有完备的理论体系，独特的诊疗方法和显著的临床疗效等特征。在中华民族五千年的历史长河中，中医学始终担负着促进人身健康的重要角色，是中华民族长期同疾病作斗争的智慧结晶，它为中华民族的繁衍昌盛提供了重要保障。

　　《民间药王　孙思邈》这本书主要收录了孙思邈的成长经历和奇闻逸事等。读者通过这些故事，可以了解中医名家救死扶伤、拯救天下苍生的医德精神和中医文化的博大精深。

本书内容通俗生动，易于读者阅读。书中配以与中医文化知识相关的图片，并选取了具有代表性的药王山和孙思邈纪念馆的特色风光作为跨页大图，使本书的内容更加生动传神，更具亲和力和吸引力。本书不仅是为了让读者了解中医文化，更是为了讲好"中国故事""中医故事"。

　　希望通过本书，读者对优秀中医文化会有更加深刻的了解和认识，能够更加热爱中医文化。通过我们对医学名家的传颂，优秀的中医文化必将再放异彩。

目录

　　孙思邈（581—682 年），唐代医学家。京兆华原（今陕西铜川市耀州区）人。著有《千金要方》《千金翼方》。

第一章

童年做小草　长大有远志

孙思邈（581—682年），唐代医学家，被后人尊称为"药王"。孙思邈幼年时期便聪明过人，可是体弱多病，这让他认识到疾病的危害，于是立志从医。他一生致力于医学临床研究，有二十四项成果开创了中国医药学史上的先河。

孙思邈从小家境贫寒，但是他聪明过人，记忆力超强，被人称作神童。孙思邈小时候体弱多病，尽管有母亲和姐姐的精心照顾，还是需要经常请医治病，几乎花光了家里所有的钱。这让年幼的孙思邈认识到疾病对人的危害是巨大的，同时他也对药物产生了一种不同于其他人的感悟和灵性。他平日里经常看到村子里的百姓因为无钱医治，只能眼睁睁地看着亲人被病魔夺走生命。看到这些，他伤感不已，发誓长大以后要行医，救治更多的人。

隋唐时代，关中平原北部，因为水土冲刷形成了一种非常特殊的高地，呈台状，四边陡，顶上平，叫作"塬"。当时的华

山间小路

原县城，就是今天的陕西省铜川市耀州区，就坐落在高山与大塬之间。在县城的东面，是滚滚的铜官川，又叫漆水河。漆水河的东岸就是孙家塬，塬上面积虽然广阔，但是沟壑起伏比较多，人们在一处陡坡上开凿了上百个土窑洞，这就是孙家塬村，孙思邈的家乡。

这一年的天气冷得特别早，还是仲秋时节，就好似初冬一般冷。一日清晨，一名三十多岁的中年男子抱着一个小男孩。由于营养不良和过度劳累，男人面色晦暗、焦黄，而男孩则骨瘦如柴，脸色苍白。他们顶着呼呼的寒风，匆匆忙忙地往五公里以外的宝鉴山走去。这个中年男人是孙思邈的父亲，小男孩就是孙思邈。

走了半个时辰之后，男孩说："爹，我自己可以走。"父亲听后，苦笑着说："你能走动吗？"男孩回答："我怎么走不动呢，我已经足足五岁了呀！"父亲没放下他，但男孩的脾气挺倔强，手脚一齐舞动，一定要下来。因为动作剧烈，男孩开始咳嗽，一声接一声，咳得面红耳赤、涕泪横流。男孩伸着舌头，头朝前倾，额头上青筋怒张，身体缩成了一团，等到咳出大量的浓痰，整个人便摊在父亲的身上。孙思邈的父亲是当地的一个木匠，孙思邈出生那年，家里还有十来亩地和三孔土窑洞，虽然生活不算富裕，但是也能维持下去。可是没想到孙思邈自小就疾病缠身，有几次都差点见阎王。几年下来，为了给他治病，家里差不多卖光了所有的家产，没想到旧病刚好，又来新病。当时村子里和孙思邈一样大的孩子们，每天都在斗蟋蟀、抓蜻蜓、逮蝈蝈、上房抓鸟、下河捕鱼，还有的已经开始学习认字了，可是孙思邈却长年累月守着药罐子度日。

　　望着一眼望不到头，看起来只有筷子宽的路和旁边十丈深的沟，孙思邈不说话了。从记事起，父亲每个月都得抱着他去宝鉴山的令狐先生家一两趟！这里方圆二十里，只有令狐先生一个大夫。他们来到令狐先生的家门口，三间大瓦房在旁边土窑洞的映衬下，格外显眼。父子俩走近一看，门已经上了锁，他们只好坐在门旁的柳树下等候大夫。这时，几个手拿凿子、扛铁锤的石匠从这儿路过，领头的看见他们关切地问："孩子又病了？今天是城里王老爷的生日，令狐先生拜寿去了。"石匠们在树下歇息，七嘴八舌地议论道："令狐先生的医德太差，今年夏天，孩子他妈生了重病，我像刘备三请诸葛亮一样把他请进了家。他东瞧瞧，西看看，见我全部家当不值一服药钱，便让我用仅有的两亩田和一孔窑洞来换。我没办法，只给了他诊金，没要药。后来我找到在磐玉山采药的张七伯，他按土方子给我配了药，

民间药王
MIN
JIAN
YAO
WANG

4

孙思邈
SUN
SI
MIAO

夜空

没花一文钱，就治好了我老婆的病。令狐先生有的时候也假装好人，把药丸子赊给病人吃，可是这就上了他的黑账本，一辈子也还不清了。"石匠们继续说："在我们村里，五个孩子中顶多有一个能长大成人，有支儿歌唱：'见抬棺材，不闻婴儿啼。'"太阳快落山了，村里升起缕缕炊烟，等候的病人们陆陆续续地都被搀扶回去，父亲也背起孙思邈，失望地离开了宝鉴山。

父子俩走到孙家塬半山腰时，天彻底黑了下来，雾霭笼罩着大地，秋风吹来一朵又一朵的乌云，不一会儿，落下万万千千的雨点。父子俩连忙躲到山崖下，孙思邈冻得上牙不停打下牙，月亮的光芒洒在崎岖的小路上。父亲左手抱着孙思邈，右手漫无目的地乱抓着。孙思邈愣了，又想了一下，吓得哭了起来。原来父亲上个月就得了雀目病，

民
MIN
间
JIAN
药
YAO
王
WANG

6

孙
SUN
思
SI
邈
MIAO

夜幕中的山路

一到天黑就什么都看不见了。这时，远处传来凄厉的狼嚎，孙思邈又开始大声地咳嗽起来。没办法，父亲只能按着孙思邈的指点，一小步一小步艰难地往家走。快到塬顶时，孙思邈"哇"的一声，将吃进去的食物都吐了出来。也就在此时，父亲一脚踩空，滑入深沟。孙思邈摔在了泥泞的路上，惊慌地大喊，一会儿就昏迷过去了。第二天拂晓，孙思邈的母亲，一个得了大脖子病两年的妇女和邻居们找到了父子二人。当时摔晕的父亲刚刚苏醒过来，孙思邈已经奄奄一息了。幸亏磐玉山上的张七伯正好路过此地，他马上用民间的土办法救醒了孙思邈，并告诉他们，孩子得的是顿咳，这种病一年四季都可能发生，多见于冬末春初，体质较强的孩子咳过以后还能正常活动，体质较弱的症状就比较严重。在张七伯的帮助和治疗下就这样过了两年，孙思邈的身

孔子教学

体比以前强了一些。一天，他看着父亲在做木柜，父亲问他："长大以后想干哪一行啊？"孙思邈想了一下说："我想跟爹学，当个木匠吧！不，我还是当个大夫，治好您的雀目病，治好母亲的大脖子病，并且把咱们村所有的病人都治好！"父亲沉思了一会儿，说："既然想学医，那就得认字，咱们家虽然穷，但我就是累弯了腰也要供你读书！明天开始你就上学去。"

孙家塬的学校，设在村西边的一孔大土窑洞里，条件非常简陋，一位老先生同时教几十个学生。孙思邈去了以后，学习十分用功，每天都能背熟一千字的文章。因为他既聪明又好学，先生见状，便不收他的学费。在县城里的同行面前先生也常炫耀自己收到了一个好学生，大家很是羡慕。有一天，一个朝廷大官路过华原县城，听说了这件事，

便派人把孙思邈叫来，给他出了几道题。虽然是乡下孩子，又第一次见大官，但是孙思邈表现得非常从容、淡定，对答如流。官员称赞道："是个神童啊！"还赠送了孙思邈一些古书，鼓励他继续好好学习，长大以后好为皇上尽忠，替朝廷出力！一棵弱不禁风的小草，开始茁壮成长了。

华原县城的东面，林木葱郁，翠峰延绵，盛产药材。磐玉山北峰的山腰，住着靠采药维生的张七伯和几户贫苦农民。孙思邈十二岁的时候，虽然还是很瘦，但个头却比同龄孩子要高，眼睛又大又亮，模样清秀。这年的夏天，一日，老师有事不能来上课，正好张七伯请孙思邈的父亲到家里做药柜，孙思邈就和父亲一起去了张家。张七伯家的院子里摊着的、晾着的、捆起来吊在墙上的都是药材。在张家屋后的峭壁上有一个石洞，里面储藏的也都是药材。孙思邈看得眼花缭乱，指着一捆黄褐色的根问道："这是什么药？"张七伯回答道："这是白头翁的根，这种草的秆儿上、叶上都有像老年人白发似的长毛。"孙思邈又拿起一种长得像乌鸦头的块根，问道："这个叫什么名儿？"张七伯答道："乌头。""哦，我知道了，药名原来是按着药材的模样起的。"张七伯说："那不一定，比如迎春花在早春开放，夏枯草的花

民
间
药
王

MIN
JIAN
YAO
WANG

10

孙
思
邈

SUN
SI
MIAO

丹参

和叶子是在夏至以后枯萎的，忍冬的叶子能忍受冬天的酷寒，车前草一般生长于马路旁，它们的名字是根据其生活状态来起的；还有青蒿、青皮、黄连、黄柏、赤芍、丹参、白芨、细辛、甘草、酸梅、苦参、五味子则是按颜色或味道来起名的。""为什么叫五味子？"孙思邈又问。张七伯解释说："它有辛、酸、甘、苦、咸五种滋味。另外，续断性微温，味苦、辛，归肝、肾经，有补肝肾、强筋骨、续折伤、止崩漏的功效，可用于治疗肝肾不足、腰膝酸软、风湿痹痛、筋伤骨折、崩漏、胎漏、跌扑损伤等病症。决明子味甘、苦，性寒，微咸，归肝、大肠经，可用于治疗目赤涩痛、羞明多泪、头痛眩晕、目暗不明、大便秘结。骨碎补具有散瘀止痛、接骨续筋的功效，还可以治牙疼、腰疼、久泻等。这些都是根据药的功用起名的……"孙思邈越听越感兴趣，不停地问东问西。父亲在一旁连忙说："思邈，你七伯是个大忙人，你不要在这

儿打扰了。"张七伯摸摸孙思邈的脑袋，说道："勤学好问，长大一定是个有出息的好孩子。"几日后，父子俩准备回家了，张七伯告诉孙思邈，以后可以经常到这儿来玩。

三年后，一个初秋的清晨，群山沐浴着霞光。孙思邈第一次和张七伯带着挖药的工具，背着小背篓，走进了磐玉山东面的高山大岭采药。他俩的到来，惊走了正在觅食的山鸡和打盹儿的小野兔。他们一直攀登到人迹罕至的地方。开始孙思邈还以为采草药就像抓蝈蝈一样好玩，后来才知道采药是一件非常辛苦、危险的事情，需要把各种各样的药材从茂密的野草中寻找出来。如果不是张七伯在旁边一直指点着，他可能采回来的都是野草。而张七伯能熟练地从一些不起眼的石头堆、草木丛里找出需要的药材，就好像这些药材都是他亲手种的一样，要哪种就采哪种。在山顶上，张七伯瞧着脚下山崖深处的一条石缝，惊喜地说："我发现了治咳嗽的特效药——贝母！在咱们这一带，这是非常罕见的药材！"孙思邈看了一下，愣了愣，那山崖如刀削斧劈了一般，非常陡峭，谁敢下去啊！可张七伯毫不犹豫地放下背篓，取出了两根长绳子和一个小布袋。他将布袋系在脖子上，再把绳子拴在崖边的大树根上，另一端拴在自己的腰间，顺着绳子下了石崖……

民
MIN
间
JIAN
药
YAO
王
WANG

14

孙
SUN
思
SI
邈
MIAO

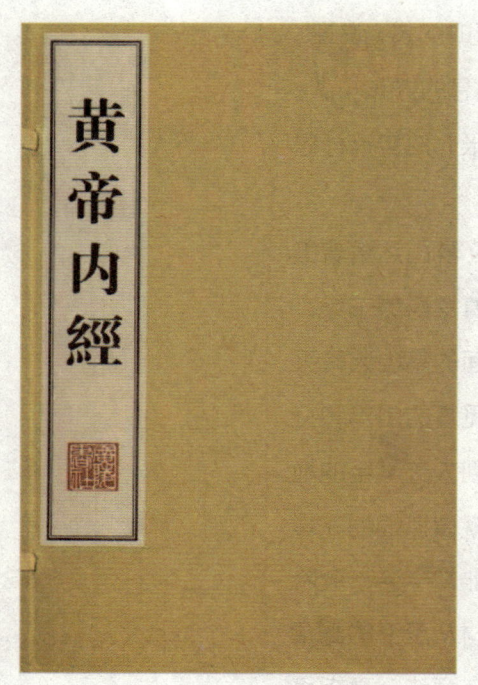

《黄帝内经》

孙思邈屏住呼吸，睁大眼睛，轻步走向崖边，俯下身来，紧紧盯着张七伯。只见云朵在张七伯身旁翻腾，飞鸟在张七伯的脚下翱翔，下边就是黑茫茫的深沟，这要是掉下去，必定会粉身碎骨，太危险了！但张七伯没有丝毫的惊慌，稳稳地将贝母装进袋子，兴高采烈地回到崖顶，孙思邈深深地出了口气。老少二人回到树下歇息，孙思邈问张七伯："七伯，您刚才真的一点都不害怕吗？"张七伯回答："刚开始下去也是心惊肉跳的，可渐渐地这种事就成了家常便饭，也就不再害怕了。古书里不是有那么一句话嘛，'不入虎穴，焉得虎子！'胆子小是成不了大器的。"接下来，张七伯又告诉他，越是阴暗潮湿、野兽到不了的地方，越有稀奇古怪的植物，想要当采药人，就不能怕脚疼，还得要能走远路。不过，对大夫来说，药不在贵贱，只要能对症，那些并不起眼的小草，同样有着大的作用。孙思邈随手拔下一株一尺高、根长而微弯的小草，问道："这是不是药材啊？"张七伯回答道："是啊，它是一种安神化痰的药，名字就叫作小草，非常普通，但是它还有一个极不寻常的学名：远志。"张七伯语重心长地说："思邈，你也应该是既当小草，又做远志啊！"孙思邈思索了一会儿，站起来说："七伯，您说得很对，我虽然是个普普通通庄户人家的孩子，但是人穷志不能短，我要从小就立下远大的志向！"之后，老少二人又钻进阴森黑暗的山谷继续采药去了。傍晚，他们背着满满的背篓，回到了磐玉山村中。

　　第二天，孙思邈要准备回家了，张七伯拿出一帙书来，说："从这儿往北走八十里左右，就是铜官县，我的舅舅在县里是最有名的医生。我年少的时候也喜欢医学，这一帙《黄帝内经》就是他以前送给我的。可是当时家里太穷，没办法上学，虽然现在懂得一些药性，会用几个土方子，但是我识字不多，你把这本书带回去好好钻研吧！"说完，张七伯又掏出一串钱来，让孙思邈拿去买些笔墨纸张。孙思邈谢过张七伯，回家继续学习。

　　时间过得很快，转眼孙思邈已经十八岁了。这一天，他的叔母因病瘦得只剩下一把骨头，胳膊腿都不能动了，叔父背着她去宝鉴山求医。到了宝鉴山，令狐先生看了一眼，说人已经不行了，没救了，还是回家准备后事吧。可是在当天晚上，孙思邈根据张七伯的一个土方子，配了一瓶可以治疗寄生虫的药酒，叔母喝下去后，没想到转危为安。之后叔母又吃了几服汤药，整个人就基本恢复了。叔父高兴得合不拢嘴，见人就夸奖孙思邈。这一天刚放学，老师把孙思邈留下了，语重心长地问道："你是不是将来想当大夫？"思邈回答："弟子确实有这个打算。"老师无奈地叹了口气："你是个聪明人，为什么会有这么糊涂的念头呢？对大夫，我是很尊重的，如果没有他们，无数人的生命都难以保证。可是现如今，读书人都想谋个一官半职的，当官的都瞧不起做大夫的，在他们眼里，大夫和算命先生、巫婆、行走江湖的是同一类人。你要是真的做了大夫，就会断送你的锦绣前程了。"孙思邈一直很敬重老师，听了这番话，有一点犹豫了。

　　几天以后，孙思邈的叔父被疯狗咬伤了腿，担心得狂犬病，连忙

药酒

民
间
MIN
JIAN
药
YAO
王
WANG

16

孙
SUN
思
SI
邈
MIAO

去宝鉴山找令狐先生，可令狐先生却阴阳怪气地说："你们村不是有一个毛孩子比我的医术还高吗，那么去找他治呗。"叔父只好回村找到孙思邈。孙思邈赶紧翻阅仅有的两本医书，可是里面没有治疗狂犬病的方法。他马上找到张七伯，可惜张七伯也没有办法。孙思邈又赶到铜官县找张七伯的舅舅，可惜老人家外出，得两个月以后才回来。这可急坏了孙思邈。一个多月后，叔父开始头痛、恶心，有恐怖感，且喉部有紧缩感，对外界的光线、声音和风的刺激都比较敏感，本来已经愈合的伤口又开始疼痛，身上也有蚂蚁爬的感觉。就这样，又过了两天，叔父全身麻痹，肌肉松弛，心脏慢慢停止了跳动。

晚上，孙思邈翻来覆去地睡不着，从叔父家传来的哭声格外清晰。

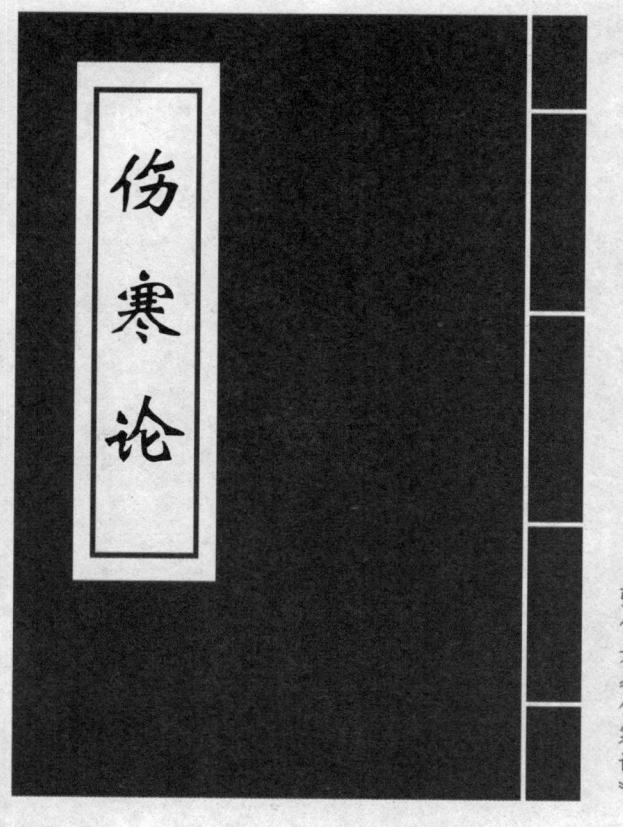

张仲景《伤寒论》

他想起了自己多灾多难的童年，想起了无数在死亡线上挣扎的病人，从此，他下定决心学医。在第二天上午，征得父亲的同意后，他来到学校，对老师说："感谢您老人家辛苦教了弟子十一年，让我从一个愚昧无知的顽童，变成了今天有知识的人。不过，弟子不能在您身边继续学习了，我知道铜官县有个好大夫，我准备找他拜师学医，将来好救治百姓。"老师还是劝他将来走仕途，但在孙思邈看来，这个世界上，官员已经有很多了，但医德高尚、技术高超的大夫实在是太少了！到了铜官县，孙思邈在新拜的师父门下开始学习医学。遗憾的是师父也不会治大脖子病、雀目病等。师父虽然有《伤寒论》，但不是全书，即便如此，孙思邈还是把书抄了下来。孙思邈勤学好问，一年以后就出师了，回村后开始给亲戚、邻居们治病。不久，他的父亲生病去世了。

知识加油站

孙思邈十分重视民间的医疗经验，他不停走访，遇到偏方、验方就及时记录下来，终于完成了他的著作《千金要方》。唐朝建立后，孙思邈接受朝廷的邀请，与朝廷合作开展医学活动。唐高宗显庆四年（659年），完成了世界上第一部国家药典《唐本草》。

孙思邈《唐本草》

第二章

安于做平民　舍弃荣与华

孙思邈成年以后，对诸子百家的学说、南朝和北朝的历史，都进行了深入的研究，并且他的名声越来越大，就连远在一百公里以外的京城长安，也有很多人知道华原县孙家塬有一个奇才。但孙思邈并不骄傲，还是继续钻研学问，继续给百姓看病。

孙思邈二十岁时，一天，他为一位从远道而来求医的病人治愈了多年的顽疾。病人非常感激他，说："真没想到，您年纪不大，但医术超群，可以说是再生的扁鹊、转世的华佗啊！"孙思邈不好意思地说："您夸奖得太重了，就我现在这点医术，怎么能和古代的圣手们比啊！要想成为技术高超的大夫，我还有很长的路要走呢！就拿我们村子来说吧，得大脖子病、雀目病的人还有很多，我只能眼睁睁地看着他们受苦，却无能为力，还是没办法解除他们的痛苦。"这个病人听后说道："我家住在秦岭，那儿的大脖子病人就不少，我表妹得的就是这个病，她被太白山上的一位先生治好了。"孙思邈激动地抓住了他的手，不停地问："请您告诉我这位先生叫什么名字啊？""他叫陈元，是江南人。"孙思邈以前听说过此人，太白山是秦岭的最高峰，也是一座非常有名的药山，在眉县（今属陕西）的南边，距离华原县大概二百公里。当天夜里，孙思邈就做了一个梦，梦见他顺着崎岖的山路，穿过一层层絮状的白云，登上了异草簇簇、百花盛开的太白山。在一座苔藓斑驳的石台上，他找到了一位面色黝黑、银须冉冉的老者，此人正是陈元。可是不管他怎么诚恳地求教，老人家就是守口如瓶……忽然，雄鸡嘹亮的啼叫声响起来，他睁眼一看，原来是个梦。妻子笑着问他："你在跟谁说话呢？"

这天上午天空碧蓝，阳光明媚，远处群山延绵。孙家塬上，从远处来了一队人马，有的敲锣打鼓吹喇叭，有的举着上面写着字的花花绿绿的木牌子，后面还有一顶四个人抬的轿子，热闹非凡。因为孙家塬是个偏僻的穷山村，就连上了年纪的老人家也没见过这样的大场面。麻雀都惊慌地飞上树梢，小野兔也匆匆忙忙地钻进洞窟。这一大队人浩浩荡荡地走到孙思邈家住的窑洞门前，从轿子里下来一位头戴乌纱帽，身上穿着大红袍，背着一个黄缎包袱的官员。此时的孙思邈正在窑洞里认真地读《针灸

民
MIN
间
JIAN
药
YAO
王
WANG

22

孙
SUN
思
SI
邈
MIAO

民
MIN
间
JIAN
药
YAO
王
WANG

24

孙
SUN
思
SI
邈
MIAO

皇甫谧《针灸甲乙经》

甲乙经》。他的妻子听见喧闹声，掀开门帘，走了出来。官员满脸堆着笑容说："您就是孙夫人吧，赶快有请孙处士出来吧。"处士在古代是指有学问但又不愿意做官的人。孙思邈的妻子放下门帘，说："你们是不是找错人了，我是穷人家的媳妇，也不是什么夫人，我丈夫叫孙思邈，也不叫孙处士。"官员又说道："下官要见的人就是他。"紧接着，官员面向窑洞门口，站得端端正正，放开了嗓门高声说："圣旨到。"孙思邈赶紧出了窑洞门，整了整衣帽，按照当时的规矩，跪在地上迎接圣旨。官员仔细地打开包袱，取出一个朱漆描金盘龙匣子，把诏书从里面拿出来，大声宣读道："自古受命之君，皆与贤人君子共治天下。朕久闻孙处士思邈，学富五车，才高八斗，有王佐之才，特诏入京，

龙纹木匣

民
MIN
间
JIAN
药
YAO
王
WANG

26

孙
SUN
思
SI
邈
MIAO

古代书籍

任国子博士之职，钦此。"孙思邈马上接过诏书，陪同使官走进窑洞，分宾主坐下。坐下后，使官环视着窑洞里面简单的摆设，叹了口气，说道："真没想到孙处士还是这样清贫，除了一堆书籍就是满地的药材，不过，现在这一切马上就会改变了。"紧接着，他又笑呵呵地恭维道："孙处士年纪轻轻就得到圣上的青睐，真是难得啊！今后您就有了展其骥足的机会了，必定会青云直上，成为大隋的栋梁，将会有享不完的荣华和富贵啊！"

孙思邈沉默了片刻，将诏书递了回去："皇上的圣恩我孙思邈难以回报，但思邈本是乡下平民百姓，又怎么能进京和王侯公卿们周旋？

夕阳西下

实在是不能奉诏。"使官听后，愣了愣说："孙处士莫非是嫌国子博士官微职小吗？国子学是专为王侯公卿的子弟而设立的学校，而博士是其中的正教官，能担任此官职的人，都是当代的饱学之士，皇上能给您这样的要职，是非常瞧得起您的了。"孙思邈仍然摇着头："思邈才疏学浅，去滥竽充数，那不是误人子弟吗？"使官又说道："孙处士不必谦虚，大家都知道您是当今的一大奇才啊！男子汉大丈夫活在世上，就应该趁现在年富力强的时候获取功名。如果错过了今天这个机会，一直埋没在民间并老死于林泉之下，那么又与草木有什么不同？"就这样，使官一直劝说，直到太阳落山，孙思邈还是执意不答应，使官

只能悻悻地起身告辞。临出门前，他对孙思邈说："孙处士是一个知书达理之人，《论语》云：'君命召，不俟驾行矣。'如此目无圣上，恐怕不太妥当吧？"

使臣一行人走了以后，左邻右舍都来到孙思邈家，磐玉山的张七伯也闻讯而来，只见孙思邈正在收拾笔墨纸砚还有一些日常的衣服鞋帽。张七伯疑惑地问道："思邈，你是不是要离开我们，去京城里当大官了？"孙思邈坚定地说："我不会去的，我要一辈子生活在

民
MIN
间
JIAN
药
YAO
王
WANG

30

孙
SUN
思
SI
邈
MIAO

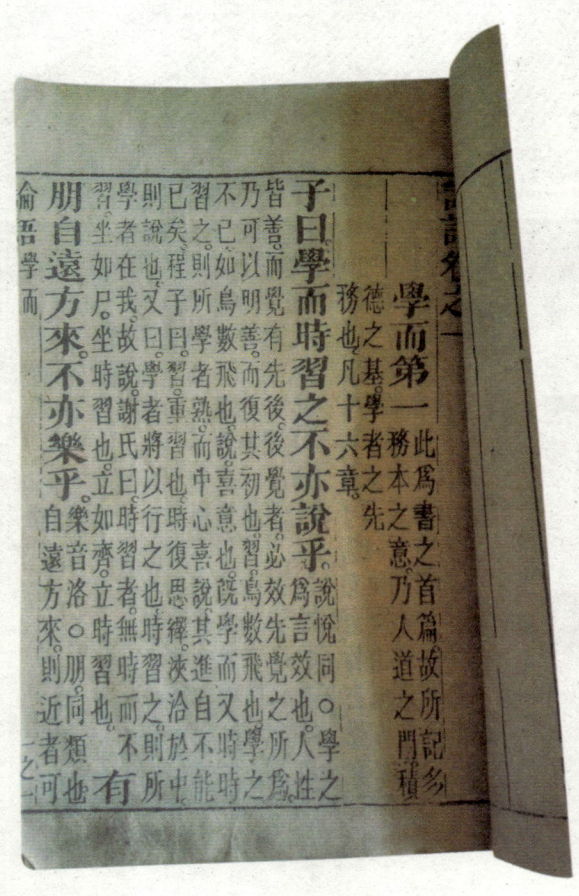

《论语》

民间，和穷苦百姓在一起。在乡下，虽然日子很清苦，缺吃少穿，但是每天的心情是舒畅的。如果当了官，确实是享受到荣华富贵了，但是每天要看着皇帝的眼色行事，和一些贪官污吏往来，能有什么意思！""那你收拾行李准备去哪儿啊？"孙思邈的妻子担心地回答道："他想去太白山找一个会治大脖子病的先生学习治病方法。我听人说，那太白山人烟稀少，野兽又多，他要是有个三长两短可怎么办哪？"大家都很惊奇，问孙思邈："你母亲都已经去世了，你怎么

秦岭山脉

民
MIN
间
JIAN
药
YAO
王
WANG

32

孙
SUN
思
SI
邈
MIAO

扁鹊画像

还研究大脖子病啊？"孙思邈回答道："天下又不是只有我母亲一个人得大脖子病，在咱们村里，就还有好多得这种病的人，再说外州外县得大脖子病的人也一定有不少，我是个大夫，总不能袖手旁观吧！使官虽然回去了，但是从今天起，咱们的县衙肯定会三番五次地派人催我进京，我去了太白山，也就避开了他们的纠缠，所以，我一年半载是不会回来的。"晚上，乡亲们陆续地离去了，最后走的是张七伯和几个大妈。他们边走边说，思邈这孩子真是有出息啊，他的路是走对了。

夜里，银色的月光透过窗棂照到窑洞里，宛如下了一层霜，有一丝丝的凉意。孙思邈的妻子趴在桌沿上哽咽着，思邈疼爱地把衣服脱下来盖在她身上，说："娘子，你不是一直不赞成我去当官，想让我一辈子当大夫吗？要想成为一名好大夫，不但要读万卷书积累知识，还要行万里路来增长更多的见识。当年春秋战国时期的扁鹊，是渤海郡鄚人，可他却在齐国、晋国、赵国、魏国、秦国都行过医，还有东汉的华佗，是沛国谯县人，他的足迹也是踏遍了黄河南北，如果他们的妻子也像你一样哭哭啼啼不放丈夫出门，让他们一辈子待在家里，他们怎么能成为有名的大夫呢？"听完丈夫的话，妻子擦干了眼泪，说："如果你一定要走，我也不拦你了，以后冷了热了自己照顾好自己。"又过了一会儿，妻子忍不住又叮嘱道："你的脑子不要一直总想着学习，

华佗像

柴
胡

平时走路的时候你总是低着头背什么药方啊、药性的，满脑子都是柴胡、黄芪、当归，你这样独自一人过州走县的能不叫人担心吗？以后你必须要改一改。"

　　夜里，孙思邈的妻子在油灯下不停地飞针走线，待到天快亮时终于做成了一双又结实又舒服的布鞋。第二天临走前，孙思邈还给村里几个老病号留下了处方和几大包的草药。妻子流着泪水和乡亲们一直把孙思邈送到了村头。孙思邈深情地望着家乡的山山水水，清清的铜官川水滚滚南流，就好像一条银色的飘带。向远处望去，宝鉴山、磐玉山重峦叠嶂，郁郁葱葱，远看犹如芙蓉的花瓣一样，美丽的风光真是令人流连忘返，舍不得离开。按照当地的习俗，来送行的张七伯折下一根青青的柳树枝递给孙思邈，说："柳就是留，现在既然留不住你了，你就去吧！他乡异县，肯定会有更多的病人，你对待他们一定要像对待咱们的乡亲一样，尽心尽力地给他们治病！"

孙思邈向送行的乡亲们深深地鞠了个躬，郑重地接过柳条，对大家说："请大家都放心吧，叔叔、伯伯、婶婶们，我就是为了咱们普天下的病人才不去做官。"张七伯又叮嘱他，求学虽然非常重要，但是自己的身体更重要。就饮食起居来说，就有不少的学问，要记住棉衣在秋天要晚一些再穿，到了春天要晚一点再脱下去。听着大家叮嘱的话，孙思邈非常感动，他再一次向大家拱手作揖道谢。

此时，天空已经渐亮。孙思邈带着柳树枝，背着行囊，披着一身的霞光，踏着露珠，走上了前往太白山的路。走到远处下塬的路口时，

民
间
药
王
MIN
JIAN
YAO
WANG

36

孙
思
邈
SUN
SI
MIAO

旭日东升

他再次回头，向乡亲们遥遥招手。乡亲们仍在依依不舍地目送着他，还有几个婶婶在擦拭着眼泪。晨风里，村头的柳树扬起千万条婀娜的柳丝，好像在向他招手，美丽的黄鹂鸟悠扬百转地唱着送行的歌。从此，孙思邈开始了他的行医之路。

知识加油站

大脖子病，医学上叫甲状腺肿，是碘缺乏病的主要表现之一。地方性甲状腺肿的主要原因是碘缺乏，所以又称为碘缺乏性甲状腺肿，多见于山区和远离海洋的地区。

黄鹂鸟

第三章

背井又离乡　巡医太白山

　　隋文帝杨坚、唐太宗李世民、唐高宗李治，都曾经授予过孙思邈各种官职，但都被他一一拒绝了。孙思邈完全可以衣食无忧，享受荣华富贵，但他甘愿行走在乡间，去救治成千上万的病人，为贫苦的百姓解除病痛，做一名服务于民的好大夫。

　　孙思邈离开家乡后，一路走出关中北山，来到了关中平原西头的眉县。向南望去，就能看见太白山的雪峰立于秦岭山脉的重峦叠嶂之上。在明媚的阳光下，远处的山峰银光闪闪，妖娆至极。经过两天的艰难跋涉和风餐露宿，他终于到了太白山山脚下。可这一带的天气说变就变，本来还是晴朗的天空，几朵黄云跑过去，又有几块黑云涌过来，瞬间就下起瓢泼大雨，太白山马上就变成一个暗灰色的庞然大物。过一会儿，雨停了，空中出现绚丽的彩虹，特别美。孙思邈找了半天，终于在一处山坳里发现了一座不小的村庄，但是这的房子跟孙家塬的不大一样，都是土坯

民
MIN
间
JIAN
药
YAO
王
WANG

40

孙
SUN
思
SI
邈
MIAO

山
神
庙

墙、茅草顶，没有窑洞。村头是座小小的山神庙，庙门口坐着一位道士，大概四十岁。他看见孙思邈是江湖大夫的打扮，摇着头说："小伙子，你到我们这穷乡僻壤的地方来，赚不了几个钱啊！"孙思邈正想说明一下来意，道士马上又说："你来得还真是时候，最近我们村里的何石匠生了一种怪病，他已经好几天不能小便了，肚子都快被胀破了，我们这深山老林的哪有大夫啊，你要是不嫌弃没报酬，就给他治一下吧！"孙思邈听了，马上就跟着道士去了何石匠家。当时病人正躺在炕上，小肚子胀得鼓鼓的，他的父亲、媳妇都急得直掉眼泪。孙思邈给病人检查完以后，发现尿潴留的时间太久了，给他吃导尿的药已经来不及了，怎么办呢？尿流不出来，怕是管排尿的地方失灵了，如果找个管子插进尿道，或许尿能流出来。可是上哪儿去找又细又软的管子呢？正好，病人的妻子在做饭，孙思邈灵机一动，告诉她去菜园拔几根葱回来。

他拿过来一根葱，掐下一片葱叶，剪去尖头，然后小心翼翼地插进病人的尿道，又用嘴吹了口气，不一会儿，尿就不断地往外流，病人的小肚子也慢慢地不胀了。病人的父亲见状，一个劲儿地向孙思邈道谢，又连忙问道："小先生，请问你姓甚名谁，家在哪里住啊？"孙思邈自我介绍后，又问道："我听说太白山有一位从江南来的陈元先生，不知道是否住在这个村子里？"道士听了，非常不解，回答道："远在天边，近在眼前，我就是陈元，你远道来找我有什么事吗？"孙思邈惊喜地

民
MIN
间
JIAN
药
YAO
王
WANG

42

孙
SUN
思
SI
邈
MIAO

葱

海带

说："弟子有眼不识泰山，师父，请受弟子一拜。"陈元见状，很吃惊，马上扶起孙思邈。孙思邈又说道："弟子在家乡时就听说您会治大脖子病，所以不顾道路遥远，前来求教。"陈元听后笑着把孙思邈拉起来，说："我本身不是大夫，怎么能收你做徒弟呢？"看见孙思邈有些发愣，他马上解释道："在家乡的时候，我听父亲说，海带和海藻可以治疗大脖子病，所以我带了一些海带，可现在早已经卖完了。"孙思邈沉思着："海产品在山地肯定是很罕见，但太白山是药山，有可能在山上发现治大脖

民
间
药
王

MIN
JIAN
YAO
WANG

44

孙
SUN
思
SI
邈
MIAO

露
水

子病的药材。"他马上问大家:"我想明天就上山去找草药,但不知
道路怎么走啊?"何石匠听见回答道: "孙先生,太白山每年只有六
月和七月人可以通行,那叫开山,其他的月份雾气太大,雪多露水也重,
不可以走人,叫作封山。等到开山时,我就可以带你上山了……"过
了一会儿,何石匠又想起了什么,说:"哎呀,不行啊,太白山太高了,
采药的人上去后当天都不能返回,我有雀目病,不能在山上过夜啊!"
石匠的父亲听后,马上对孙思邈说:"孙先生,您就再给他治治眼病吧!"
孙思邈难为情地说:"我真没这个本事啊!"

当晚,石匠一家要留孙思邈在家过夜,陈元说:"孙先生是来找我
的,理应由我来招待。再说,庙里只有我一个人住。"说完,拉着孙
思邈向山神庙走去。第二天,村里人都听说山神庙里来了一个好大夫,

有好多患病的人陆陆续续来到庙里。有几个拄着拐杖的，经过几次扎针，就能独自行走了，欢天喜地地扔掉了拐杖。可是得雀目病和大脖子病的人却失望了。接下来的几天，孙思邈起早贪黑，又去了太白山其他的村子行医，发现这里得雀目病和大脖子病的人非常多。他的心情很沉重，回到山神庙已经是二更时刻了。在明月照耀下，这里谷空林静，树叶闪闪发着光，整个山村成了一个银白色的世界。孙思邈丝毫没有睡意，在院子里来回踱步，自言自语道："大脖子病、雀目病，我用什么办法才能治好他们呢？"陈元正在庙内灯下看书，看见此景，放下手中的书，请孙思邈进屋喝茶。陈元说："我虽然不太懂医，可是我的父亲是个大夫，当年我听他说过，自古以来许多医生对雀目病都没什么办法，大

雪覆山巅

脖子病也只有用海带、海藻类的食物才能治好，你就不用再费力气了！"
孙思邈说："可是病人的痛苦连着我们做大夫的心哪，我不能不想办法给他们治疗啊！"

　　陈元听了此番话，不禁暗暗佩服孙思邈的高尚医德。他突然想起父亲曾经说过的一句话："不知道怎么回事，这雀目病对人不公平，专门欺负穷人，有钱人家根本不会得这种病。"孙思邈听了以后，思索了片刻，说："穷人整日吃糠咽菜，富人成天地大鱼大肉，如果让穷人也吃些富人的食物，说不定还能治好雀目病呢！"可是富人的食物有很多种，并不知道哪一种才适合。孙思邈觉得茫然无绪，最后考虑了半天说："咱们先用肉试一试吧。"随后他们给何石匠连吃了几斤野猪肉，可是病情并没有好转。这天夜里，孙思邈站在院子里来回地踱步，

民
间
药
王
MIN
JIAN
YAO
WANG

48

孙
思
邈
SUN
SI
MIAO

烧鸡

抬头望着一轮满月，不禁感叹，月亮多么像人的眼睛啊，要是穷人的眼睛也像你在黑夜里那么明亮该多好啊！他突然想起医书中说过："肝开窍于目。"眼睛的疾病多数都与肝有关系。比如，眼睛红肿、怕光、流泪，多半是肝火上升；又如眼睛昏花、干涩看东西不清楚，多半是肝血不足。经常听人们说，以形补形，吃肝补肝，吃心补心，那么如果多吃一些动物的肝脏是不是能补益眼睛呢？思前想后，他觉得这想法大有道理，于是马上把陈元叫醒，把刚才的想法一五一十地给他讲了一遍，说完马上就收拾东西，准备出山去买肝。陈元劝他等天亮再去，他也不听，急匆匆地就出门了。

三天以后，孙思邈带着好几斤的羊肝兴冲冲地回来了。何石匠吃了以后，病情大有好转。于是，他又买了好几斤，何石匠连续吃了几天，居然痊愈了。孙思邈欣喜若狂，到村子里挨家挨户宣传这件事，外表文质彬彬的孙思邈控制不住内心的欢喜，激动不已。后来，全村人的雀目病都被治好了，整个村子里的人都把孙思邈当成亲人一样。晚饭后，在皎洁的月光下，老辈人和孙思邈坐在婆娑的树影下，聊着家常，恳求孙思邈再想想办法，把大脖子病给治好了。这个病可把妇女们给害惨了！孙思邈想了想，说："大脖子病在北山是很常见的，住在关中

民
MIN
间
JIAN
药
YAO
王
WANG

50

孙
SUN
思
SI
邈
MIAO

皎洁明月

秦岭枯木

平原的却没人得这种病，到秦岭这边又多起来，所以，这说明此病具有地域性，只要不是长期在山里住，就不会得大脖子病。"

老人们听后，苦笑道："我们原本确实在平原上住，就是因为家里的田地都被财主霸占了，我们没办法，才不得不到这里居住。虽然这里苦一些，有人还会得大脖子病，但是官府不愿多走路，不会上这里来要钱要粮抓壮丁。如果我们再搬回山下住，肯定会饿死的。"孙思邈听了，决定继续想办法帮他们彻底根除大脖子病。

开山的日子终于到了，孙思邈、陈元、何石匠，还有几个小伙子，背着小背篓，拿着工具，开始登太白山。为了防备野兽的突然袭击，每个人都带了弓箭等武器。山上树木非常茂密，冷杉树形非常优美，好像一座座亭亭玉立的宝塔。有些松树的根长在大石头和悬崖绝壁的上面，好像一个个坚毅挺拔的士兵。红桦林在初升的阳光照耀下，犹如童话中的世界，红光闪耀。再往密林深处走，不时有毛色艳丽无比

冷杉林

的金丝猴跑过，有棕色的羚牛慢慢走过，还有体态非常轻盈的山雀，吸食花蜜的太阳鸟等。在树林下面，生长着黄芪、手掌参、长春七、太白米、桃儿七、款冬花等药材。不一会儿，孙思邈一行人的鞋子和裤腿都沾满了露水和叶瓣、草梗。夕阳西下，他们将采来的各种草药放进一个岩洞，生起篝火，准备过夜。

　　第二天天一亮，他们攀到了太白山绝顶，这里四周陡峭，岩石裸露，虽然已是伏天，但周围却是白雪皑皑，还有一些常年不化的冰洞。孙思邈站在山顶，眺望远方：南边，按着山影距离的远近，排出了清晰的层次；北边，渭水好像黄色的细线，河边的小镇子仿佛是一枚枚棋子。孙思邈顿时感到胸怀宽广，坦荡无比，自言自语地说："贪图安逸享受的人永远也不会见到这峰顶的无限风光。医学就好比一座高峰，我下决心一定要攀登到顶端。"第三天的时候，他们满载着采来的药

民
MIN
间
JIAN
药
YAO
王
WANG

54

孙
SUN
思
SI
邈
MIAO

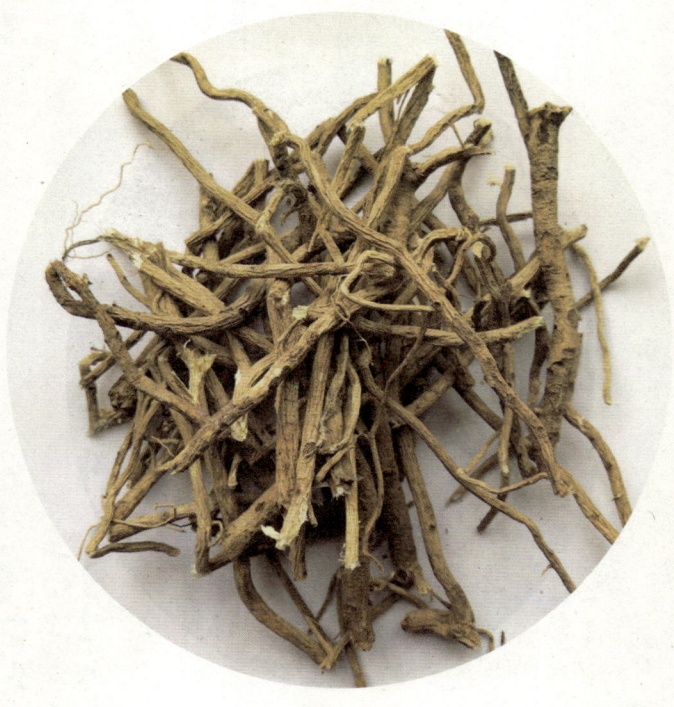

黄芪

跻峰造极

材下了山，何石匠还扛着打猎得来的小鹿。晚饭时，何石匠请孙思邈品尝做好的鹿肉，孙思邈夹起一块鹿靥，陷入了沉思。何石匠马上问道："是不可口吗？"孙思邈马上说："不是，我在想，人们常说，以形补形，吃肝补肝，吃心补心，那么要是吃鹿靥会不会能医治大脖子病呢？"这个想法在以后的日子中得到了证实，鹿靥能治大脖子病，后来发现羊靥也有一定的疗效。村子里的百姓在孙思邈的细心治疗下，病情都有了好转。

一个隆冬的夜晚，陈元对孙思邈道出实情："我本来是江南的一个读书人，因为一些特殊原因来到这儿，盖了这座庙，当起了道士。今天我得到消息，以前和我一起造反的穷哥们儿准备再次起义，所以，我不能再继续藏下去了，明天我就回家乡了。你就在这个庙住下吧，我父亲临死前给我留了一些秘方，比如主治风湿骨疼、麻痹的膏药方等，都是确有疗效的，我从来没给过其他人，现在我全都传给你。"说完，他拿起一张纸写了下来，交给了孙思邈。第二天拂晓，陈元就下山走了。孙思邈越来越爱太白山了，之后就长住了下来。他每天打拳、练气功，身体变得十分健壮。为了能采到各种药材，他不辞辛苦，跑遍了华山、太乙山等秦岭周边著名的山峰。有时候他还会去关中、渭北行医治病，在家乡也治愈了不少的雀目病和大脖子病，深受贫苦百姓的爱戴。

605 年，杨广当上了皇帝，也就是历史上以荒淫和残暴著名的隋炀帝。他为建造洛阳城征用了大批的壮丁，达到数百万人。同时，隋炀帝还不停地发动对邻国的战争，沉重的兵役和徭役压迫着广大百姓。后来，李渊举兵反隋，618 年，隋朝灭亡。就在这一年李渊在长安登基做了皇上，国号唐。626 年，李渊将皇位传给儿子李世民，就是后来的唐太宗。

民间药王
MIN
JIAN
YAO
WANG

56

孙思邈
SUN
SI
邈
MIAO

华山

孙思邈在战火频仍的岁月里，在救治百姓的实践中，积累了不少伤科方面的经验。有一天，孙思邈正在长安城中的寓所休息，突然听见窗外传来一阵喧闹声，出来一看，原来是一大群人拥着一个用手捂着左眼的大汉。他是前来恳请孙思邈为他诊疗眼睛受的外伤。孙思邈走到近前一看，这个大汉的左眼被人打得肿得像一个熟透了的桃子，周围全是瘀血，现在只有把瘀血排干净，对病人才有利。可是瘀血离眼珠又太近，如果用针挑或者用小刀割开之后放血，就有戳伤眼珠的危险。孙思邈沉思片刻，什么话也没说，突然迈开大步跑出客厅，直奔寓所的后庭院。隔了一会儿，他手里拿着一个小布包回来，大声地说："我有办法了，你赶紧躺下吧！"孙思邈马上打开布包，从里面抓出两条刚从后院庭池里边捉来的水蛭（俗称蚂蟥）。当时众人一见都非常惊讶，这东西有毒啊！孙思邈迅速地把水蛭洗干净，然后放在大汉瘀血的眼部，只见水蛭立刻在血肿的部位上飞快地吸起血来。不一会

民
MIN
间
JIAN
药
YAO
王
WANG

58

孙
SUN
思
SI
邈
MIAO

水
蛭

儿，水蛭就变得又粗又大了，可是大汉眼部的血肿却变得越来越小，直至最后眼部的血肿完全消失了。接下来孙思邈又熟练地把水蛭拿开，再用清水为大汉洗干净瘀血的患处，又找来草药敷到眼周消肿。几天以后，大汉的眼伤就彻底痊愈了。这就是孙思邈首创的用水蛭吮吸眼部瘀血的方法，后来这种方法广为流传。

知识加油站

太白山，秦岭山脉最高峰，也是青藏高原以东第一高峰，如鹤立鸡群之势冠列秦岭群峰之首。自古以来，太白山就以高、寒、险、奇、富饶、神秘的特点闻名于世，称雄华中。

秦岭云海

第四章

拜见李世民　拒绝朝廷官

在医学研究方面，孙思邈主张集思广益，认为不要"医者，学不稽古，识悟非深，各承家技，便为洞达，自负其长，竟称彼短"。他没有狭隘的保守思想，对外来的学术思想从不拒绝，而是用欢迎的态度吸取其中的精华。

唐太宗贞观三年（629年），唐朝廷召集魏徵、令狐德棻等人，撰写齐、梁、陈、周、隋五代的史书。令狐德棻也是华原人，所以了解他的同乡孙思邈不仅擅长行医治病，还精通历史，于是上门请孙思邈进京来帮忙。孙思邈不好意思拒绝，便答应了他。来到长安后，魏徵和令狐德棻将他安排在太医署当大夫。

这一天上午，来了一位患有产后腰痛、咳嗽的妇女。孙思邈问过以后，给她开了药方。到了下午，一个叫蒋许的太医，拿着孙思邈开过的药方，当着所有太医的面，故意大声地念道："羊肉四斤、杜仲（炙）、紫菀、桂心、当归、白术各二两，细辛、五味子……"接着，瞪着眼问孙思邈："本人才疏学浅，不知道你的这个药方出自哪一部医经？"孙思邈听出来他说的话中带有讽刺的意味，就耐心地给他解释："这个药方我是在《伤寒论》生姜当归羊肉汤的基础上按着方剂配伍的诸项原则，有所加减，制出的羊肉杜仲汤，经过我多次的实践，确实很有疗效。"蒋许惊奇地问："你也读过《伤寒论》？"孙思邈回答："读过一些。"蒋许冷笑道："那你只化裁出一个药方吗？"孙思邈沉着地回答道："就生姜当归羊肉汤来说，我还有三个方，羊肉汤、羊肉生地黄汤、羊肉当归汤，都是主治产后各种虚症的。"蒋许冷冰冰地说道："张仲景是医圣，他写的书、他的药方咱们都应该按着上面的做，不能增加一个字，也不能减少一个字，怎么还能改他的药方呢？"孙思邈回答："对医圣张仲景我十分崇敬，但是我们也不能把他写的书当成固定的条条框框，没有一点的改革创新，那么医学还会有发展吗？"蒋许哈哈大笑道："你连《伤寒论》全书都没看过，却想打破圣人的条条框框，真是不知道天高地厚啊！"说着，他掏出一把药方，放到桌子上，说道："你看看，药房里的这些方子都是你开的吧，我们都是名医的后代，从来就没见过

民
MIN
间
JIAN
药
YAO
王
WANG

62

孙
SUN
思
SI
邈
MIAO

《神农本草经》

这种药方，这都是你化裁出来的吧？"孙思邈说："这都是我在民间收集过来的药方。"蒋许轻蔑地将药方摔在地上，大声地说："一个正经的大夫，必须做到通读《黄帝内经》《神农本草》，非仲景之方不用，你看不起圣人写的医经，使用江湖郎中的土方子，怎么能算得上正经的大夫？怎么能配留在太医署呢？"孙思邈不慌不忙地回答道："你是熟读医书的人，肯定知道《黄帝内经》里只有十三个医方，可是《伤寒论》里却有很多的方，如果张仲景也把别人的医学著作当成死框框，他能成为一代圣人吗？当年张仲景曾经批评过'各承家技，始终顺旧'的庸医，你现在的做法不是很相像吗？"蒋许目瞪口呆，无语反驳，旁边一些太医连忙帮腔道："孙思邈也就会用几个土方子，也不懂得真正的医经。"还有的人说："古人以前就说过，'医不三世不服其药'，做大夫这个职业应该是要家承的，新起的大夫真是靠不住。"只有一位平时擅长针灸的太医谢季卿，一直支持孙思邈。又过了几天，那位经孙思邈治疗的妇女，病痊愈了。可蒋许还是不肯承认错误，并且当着大家的面说："必须按着医经来开药方，你用自己编造或者是江湖郎中的药方，就算是给患者治好了病也不值得称赞！"

孙思邈转过身，不再理睬他了，对着谢季卿问道："我听说长安有两位名医，甄权、甄立言。隋朝时，鲁州刺史狄钦得了风痹病，手已经不能拉弓，找过好多名医都治不好，甄权去了，只是在肩髃穴扎了一针，马上就解决问题了。不知道他们两人现在住在哪里？"谢季卿笑着说："你是想向他俩求教学习了？目前他俩就住在太医署旁边的院子里，但是现在正忙着写书，不肯接见任何人。"吃过午饭，突然来了一位宦官，他告诉孙思邈，皇帝要召见。孙思邈不禁心中一沉，现在身在京城官署，再没有借口不去了，只能跟着宦官一起前往。蒋许在一旁看见，心中

民
间
药
王
MIN
JIAN
YAO
WANG

64

孙
思
邈
SUN
SI
MIAO

唐代药壶

民
间
MIN
JIAN
药
YAO
王
WANG

66

孙
SUN
思
SI
邈
MIAO

唐代宫殿

嫉妒得要命，心想："皇帝为什么接见孙思邈？为什么会看上这个土大夫？看样子，他有可能会升任侍御医。"这时，孙思邈由宦官带领着，穿过三百步的横街，走进镶满耀眼宝石的太极宫承天门，又从一座座巍峨崇丽的大殿旁边走过，来到了富丽堂皇的宫廷深处。正值午后，阳光洒落，路旁的花圃里一群蝴蝶翩翩起舞，小蜜蜂嗡嗡地飞来飞去，可孙思邈的心情却像有一团乌云笼罩在身旁。我是因为不想当隋朝皇帝的官才背井离乡去了太白山，可是没想到今天却不得不去见本朝皇帝……

　　孙思邈跟着太监，走过一个又一个走廊，跨过不知道多少个门槛儿，终于来到了一座飞檐碧瓦、玉石础柱的大殿前，门口上方悬挂着一块门匾：延嘉殿。一个宫女掀起黄缎的门帘，孙思邈登上台阶，大步走进殿内。在大殿内，唐太宗李世民正端坐在御案前，等待着孙思邈的到来。此时的李世民大约三十岁，皮肤白净，头上戴着垂丝的璎珞冕旒，腰间佩带着镏金雕龙宝剑，神态并不是十分威严。在他旁边

唐大明宫太液池遗址残垣

民
MIN
间
JIAN
药
YAO
王
WANG

70

孙
思 SUN
邈 SI
MIAO

唐代宫殿

的案头上，摆放着高高的一摞奏折。唐太宗抬起头，瞧着眼前的孙思邈，高大健硕的身材，黑里透红的脸盘，两只炯炯有神的眼睛，五绺长长的胡须，心里暗自夸赞，虽然是个乡下人，但风度却是不一般。唐太宗赐孙思邈坐下，说道："听令狐德棻说过，你比他年龄大，他今年四十六岁，可是看你的相貌最多不过四十岁，看来他一定是记错了。"孙思邈笑着回答说："我今年已经四十八岁了。"唐太宗非常惊奇，又说道："听说你对从齐到隋的历史都了如指掌，朕对有些史实还不是太清楚，还想向你请教。"紧接着，唐太宗向孙思邈提出一个个疑问，孙思邈马上就能将每一个历史事件讲得清清楚楚，似乎他亲身经历过一样。接下来，君臣二人就治国安邦的事开始了讨论，并且谈得很投机。不知不觉夜幕降临，唐太宗非常开心，笑着说："你学问渊博，真是名不虚传啊，你就不用回山了，留下来在朕的身边辅佐朝政。朕还

要授给你爵位，让你的子孙后代都能享受到荣华富贵，你看怎么样？"孙思邈听了以后，沉思了一会儿，看着这富丽堂皇的宫殿，觉得还是自己的家乡好，土窑洞舒服，于是站起身来，拱手说道："现在咱们朝廷是人才济济，并不缺良臣猛将，我是山野长大的，真是无才应世，对您的圣恩我只好心领了。"唐太宗见他淡泊名利，也就不再强求了，说："那就请你在长安多住一些日子，魏徵、令狐德棻他们弄不清的史实，还要向你请教。朕听说你特别爱读医书，从西晋以后的三百年间，战争频繁，许多藏书都散失了。现在天下统一，四海太平，弘文馆（也就是当时的国家图书馆）的藏书增加了数倍，而且还有不少的医书，有时间的时候你可以随时去阅读。"孙思邈深深地鞠躬，谢过皇帝。他走后，唐太宗若有所思地说道："他是个德才兼备的人，如果在朝廷当官，将来肯定是个栋梁之材，只可惜他只想一心一意在民间行医。"

民 MIN
间 JIAN
药 YAO
王 WANG

72

孙 SUN
思 SI
邈 MIAO

唐太宗像

唐代宫殿

就这样，当天，孙思邈就被魏徵、令狐德棻接到史馆里居住。从此，孙思邈只要有闲余时间，就一头钻进弘文馆里读书。弘文馆简直就是书的海洋，医书的种类也很多。其中有范汪的《范东阳方》、南北朝时期姚僧垣的《集验方》、陈延之的《小品方》、龚庆宣的《刘涓子鬼遗方》、僧深的《深师方》、隋朝巢元方等撰的《诸病源候论》等。在晋代葛洪写的《肘后备急方》里，他竟然查到了治疗狂犬病的方法：将疯狗杀死，取出脑子，敷在患者的伤口上。从此，孙思邈每天废寝

民 MIN
间 JIAN
药 YAO
王 WANG

74

孙 SUN
思 SI
邈 MIAO

忘食地读书、抄书，经常是从天不亮一直忙到夕阳西下。可是，即便是在藏书这么丰富的弘文馆里，依然没有《伤寒论》全书。他问了几个人才知道，《伤寒论》成书后不久，就因为战争纷乱而散失，到了晋代，才由王叔和收集整理成全书。手里藏有全书的人往往将它看成个人的饭碗珍藏起来，不让其他人来阅读，因此，此书并没有广为流传。

时间又过了半个月，谢季卿又来到史馆，对孙思邈说道："两位甄先生特别想见见你。"孙思邈听完以后，激动地问道："是真的吗？"

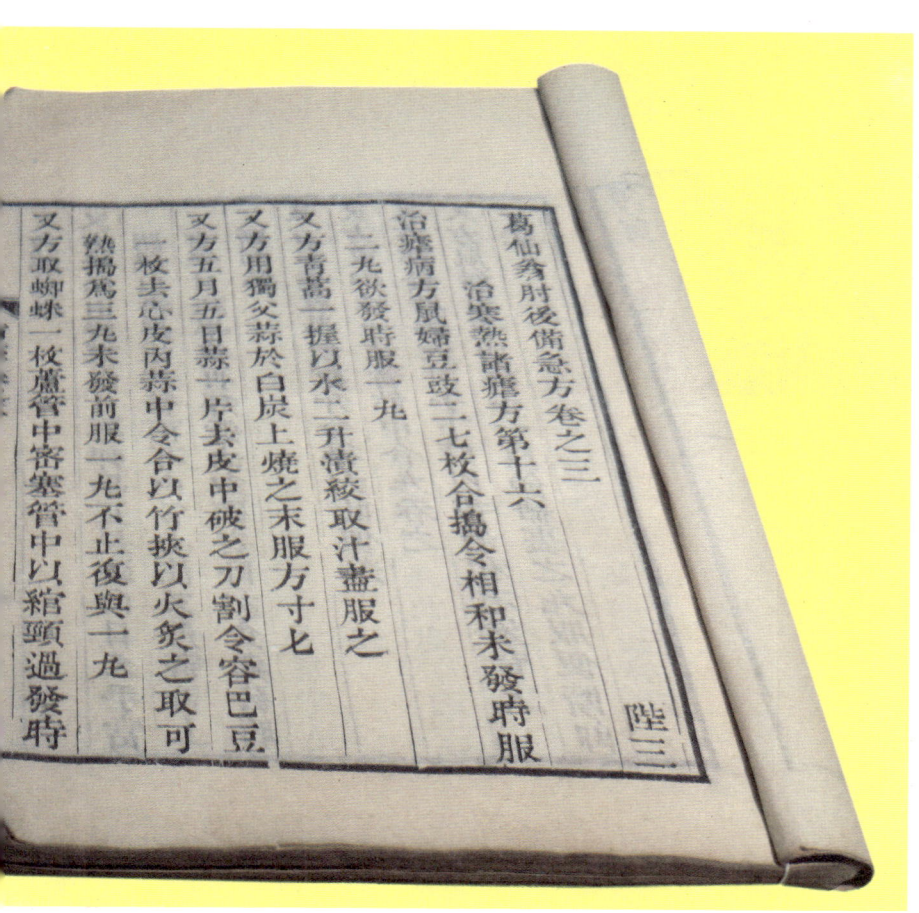

葛洪《肘后备急方》

华
山

老槐树

谢季卿笑呵呵地点了点头。孙思邈心里简直乐开了花，立刻和谢季卿一起快速地出门，走进了太医署西侧的小门。在院子中央的大槐树下，有两位老人正坐在席子上看书。其中有一位头发全都掉了，脸上皱纹纵横，而且背有一些驼，大概有九十岁的高龄，是甄权，旁边那位比甄权小几岁的是甄立言。孙思邈立刻上前恭恭敬敬地向两位老人施礼。甄权捋着胡须对孙思邈说："现如今的大夫，因循守旧的比较多，有想法想改革的却很少，钻营私利的、散发着官场浊气的比较多，一心研究医术、视医学为生命的人太少了。谢太医已经把你和蒋许争执的事告诉我们兄弟俩了，我还听说你拒绝了别人都求之不得的爵位，我俩原以为这一辈子都碰不到一个志同道合的人，今天，总算是遇到了，真是三生有幸啊！"说着，他哈哈大笑起来。

甄立言接着讲道："在两晋南北朝和隋朝时，社会比较动荡，医学

民
MIN
间
JIAN
药
YAO
王
WANG

78

孙
SUN
思
SI
邈
MIAO

唐代陶罐

和药学虽然有很多创造和发展，但大多是散落在各家方书中，并没得到整理。另外还有许多流传在民间，比方书中的还要多。我们兄弟俩目前就是想博采各家方书中的内容，同时广泛收集民间医方，编写一部方书。只可惜，我俩现在年事已高，真是力不从心了。跟我俩相比，你现在还很年轻，你愿意抓住时机，协助我俩，共同完成这一巨著吗？"孙思邈听了，庄重并且认真地点了点头。甄权立刻吩咐家人拿来数帙书，对孙思邈说："这些都是我们老哥俩的拙著，《针方》《明堂人形图》《古今验方录》，如果传给别人恐怕是要明珠暗投了，所以今天就全部交给你，以便于你在今后编书的时候参考。"得到两位老人的信任，孙思邈万分感动，他目光坚毅地说："我一定不辜负您二老的期望！"

谢季卿在一旁看了整个过程，高兴地说："您二老就放心吧，孙思邈肯定会为咱们医林争光的。"甄权想了一下，温和地对孙思邈说："你要是不嫌弃我们老哥俩年纪大，没事就经常到这儿来吧，咱们也算是忘年之交了！"从此以后，孙思邈除了经常到弘文馆去看书，还常去拜访两位老先生，这为他后来完成《千金要方》打下了坚实的基础。

知识加油站

《伤寒论》是东汉时期张仲景的经典著作，是一部阐述外感病治疗规律的专著，全书共10卷。张仲景原著《伤寒杂病论》在流传的过程中，经后人整理编纂将其中外感热病的内容结集为《伤寒论》，另一部分主要论述内科杂病，名为《金匮要略方论》。

张仲景像

第五章

往来于民间　救治众百姓

孙思邈认为，作为医生，必须要以解除病人的痛苦为唯一的职责，其他则"无欲无求"，对待他的病人也一视同仁"皆如至尊""华夷愚智，普同一等"。

孙思邈离开长安以后，又去了江南各地行医，同时收集各类药方。他来到巍峨秀丽的峨眉山，并且住了很久。

春季里的一天，一阵大雨过后，山上的杜鹃花争相盛开，把山坡都染成了红色。在山下的青衣江中，成群的鱼儿在畅游，泛起一片片涟漪。空气特别新鲜，气温特别凉爽，孙思邈使劲吸了一口气，顿时觉得全身都舒展开了。在山脚下有一座不算小的村庄，村子的中央是一家大户的深宅大院，整个屋脊比邻居家高出一半来。江边，一群穿着烂衣裳、破裤子的孩子正在摸鱼捕虾。此时，正有一个人从山上往下走。一个孩子抬头看见了，立刻纵身上岸，

黄芩

民间药王
MIN
JIAN
药
YAO
王
WANG

82

孙
SUN
思
SI
邈
MIAO

丢下鱼篓，飞快地向村子里跑去，边跑边喊："孙伯伯来了！"呼喊声像春风一样立即传遍了全村。很快，穷苦人都成群结队地走出山村，喜笑颜开地出来迎接孙思邈。孙思邈看见大家，笑盈盈地和各位打招呼。一位大婶十分心疼地说："孙先生，您怎么不带把雨伞呢？看把您淋成什么样子了！"孙思邈马上解释道："赵婶，在我们家乡，这个时节正是闹春旱的时候，出门从来就不用带雨伞，谁知道这地方真是不一样啊！您儿媳得的月子病好一些了吗？""自从上次您给治过以后，现在已经好多了。"孙思邈说："要想除去病根，也很不容易，我今天就是特意下山为她诊治的。"随即，孙思邈又转过身来，向一位老爷爷作了个揖，继续说道："吴幺爸，我上一次来你们村，您给我的羚羊角散方真是太灵验了，我用它已经治好了五个得子痫症的妇女。"吴幺爸说："孙先生，我的四个孙子都没有活过六岁啊，第五个出世没几天又患上了脐带风，幸亏你及时治疗才保住了性命，我一辈子都感激你啊，你现在怎么还谢起我了呢？而且我家实在是太穷了，也没给你诊金，我到现在还觉得过意不去呢。"孙思邈笑呵呵地说："诊金？您不是给过了吗？在我看来，有用的土方子能顶得上一千两黄金呢！"

这时，旁边的一位大伯感慨地说："我们村子里每年都要病死好几个这样的小孩子，妇女们不是得这病就是得那病的。像你这样时刻把妇女和小孩挂在心上的大夫真是太少了，有很多的大夫都嫌妇女和小孩的病不好治，不愿意给治，甚至还流传着这样一句话，'宁治十男子，不治一妇人。宁治十妇人，不治一小孩儿。'"

跟乡亲们聊完，孙思邈便随赵婶去了她家复诊。刚给病人看完病，一位大嫂风风火火地跑进来，焦急地说道："孙先生，隔壁李二哥家的媳妇刚才生了头胎，可是生下来是断气的，不知道怎么回事，您快去救救那个小娃娃吧！"孙思邈正要出门，突然闯进来一个横眉竖眼的大汉。大汉向孙思邈拱了下手，说："我家少爷消化不良，老爷特意派我过来请你马上去医治。"大嫂立刻向大汉哀求说："不行啊，我正等着孙先生去救李二哥家的娃呢！你就行行好吧，过一会儿再去你家吧！"大汉撇撇嘴，大声说道："你说什么呢？老爷是一庄之主，

民
MIN
间
JIAN
药
YAO
王
WANG

——

84

——

孙
SUN
思
SI
邈
MIAO

少爷就是小主人，耽误了小主人的病你能担待得起吗？再说了，老爷有钱，诊金不会少给的，孙先生你就快跟我走吧！"孙思邈冷冷地跟大汉说："回去告诉你家老爷，天黑我再去。"孙思邈说完便跟着大嫂急步走进李二哥家。进屋后，只见产妇正抱着婴儿在那儿大哭呢！孙思邈一看，婴儿因肺气阻塞，憋得全身青紫，特别危险。他立刻吩咐大嫂取一根剥掉干叶子的大葱，并且准备好一盆温水。他首先扯了点儿白布裹在指头上，擦干净婴儿嘴上的污血，再用大嫂递过来的葱白在婴儿身上使劲抽打，几下过后，婴儿居然哭出声来。产妇激动地望着自己的孩子，高兴地笑了。孙思邈接过孩子，放在温水盆里，轻轻地搓洗，只见婴儿的血液循环加快，呼吸功能也完全恢复了。孙思邈擦干婴儿的身体，交给产妇。婴儿很快就在母亲的怀里安然地吮吸起乳汁来。

孙思邈长出了一口气，走出产房，正巧碰到急忙赶回的在邻村当长工的李二哥。孙思邈向他道过喜，捋着垂在胸前的美髯问道："你们小两口是不是还不懂怎么抚养小孩？记住，平日里要多给他洗澡换衣服，洗澡水要不冷不热，洗的时间也不能太长，喂奶的次数和奶量都要控制好，既不能饿着，也不能吃得太多。在晴朗的天气，应该把小孩领到暖和无风的阳

光下玩耍，使他气血流通，这样能够增强机体抵抗力，才能抵御风寒，减少疾病。如果经常在室内，不见阳光，就很容易生病，这就好比阴湿地方的植物不容易生长。"

夜晚，孙思邈住在了吴幺爸的家里，晚风吹来，院子里的竹叶清香四溢，稻田里的蛙鸣声和江水的"哗哗"声不断传进来。孙思邈在油灯下挥笔撰写医疗心得。他想，一直还没有关于儿科的专著，虽然我儿科知识比前人多一些，但还是不够充分，还需要继续收集各种相关资料，即使不能完成专著，也要为后人打下一些基础。

第三天，孙思邈准备回山里，赵婶给他带上一把雨伞，全村男女老少把他送到村头。

在南方，当时有一种疾病盛行，那就是脚气病。开始，患者总是感到吃不好饭，睡不好觉，每天特别疲劳。慢慢地，两腿感觉像灌了铅一样，

民
MIN
间
JIAN
药
YAO
王
WANG
——
86
——
孙
SUN
思
SI
邈
MIAO

竹林

杏仁

并且伴有麻木和火烧一样的疼痛。时间长了，腿部的肌肉开始萎缩，走路更加困难，有的人出现水肿，有的甚至波及全身，严重的还会死去，在当时也算是不治之症。孙思邈经过一段时间的观察，发现只有富人才会得这种病，穷人很少得。富人长期吃精细的米面，而穷人只能吃糠咽菜，由此看来，吃米糠应该能医治脚气。后来，经过多次试验，此方特别灵验，同时，他还发现防风、杏仁对这病也很有疗效。

　　孙思邈六十岁那一年，他带着收集到的各类医书、医方和各种药物标本，又回到了华原。当时磐玉山的张七伯已经去世，他一生无儿无女，在临终前将自己的住宅送给了孙思邈。之后，孙思邈就住在了磐玉山上，开始撰写他的代表作——《千金要方》。

　　一天清晨，七十岁的孙思邈正在屋里看书，突然进来一个人。孙思邈抬头一看，原来是在县衙门当差的李老五。他马上放下笔站起来

关切地问："你儿子的软骨病是不是已经治好了？"李老五高兴地说："治好了，彻底地治好了，您老人家发明的用龟甲治这种病的方法，确实特别灵验，太感谢了！"正说着话，一位邻居匆匆忙忙地走进来说道："昨天我路过青石村，看见陈老大的病情越来越厉害，经常疼得昏死过去，看那样子是活不了几天了。听说他也吃了不少药，扎了许多次针，可还是不行，现在特别想请您去给治治，但是他家特别穷，怕请不起您啊！"

孙思邈不假思索地说："咱们现在就去给他治。"李老五急忙说："那青石村离这儿能有四十里路，都是羊肠小道，还有两座山，三条沟，您这年纪怎么能走得动啊！"孙思邈站在窗前，凝望着通往青石村的山路，坚定地说："虽然我年纪大了，但是身板还可以，我收拾一下东西，马上出发！"

孙思邈带着一囊的药材，几根银针，拄上拐杖，往青石村走去。这时狂风骤起，大风吹乱了孙思邈长长的胡须，风沙眯了他的眼睛。他一面揉着眼睛，一面喘息着往山上爬，自言自语地说："真是老了，腿都软了，但是为了病人，也不能服老啊！"下了山，走到沟边的小路旁，一个老妇人正在呜呜地哭着，一个粗眉大眼的男人正在挖坑，旁边放着一口棺材。

醋龟甲

孙思邈看了一眼棺材，发现顺着木缝滴出几滴红色的东西，走近一看，原来是鲜血！孙思邈马上询问老人家，死的是什么人，得什么病死的。老妇人见眼前的老者模样慈祥，哭着说道："是我的儿媳妇，今天早上生孩子，难产，就闭上眼睛了。我们穷人家娶个媳妇多不容易啊！呜——呜——呜，我短命的孩子！"

　　孙思邈蹲下来，细心地询问老妇人死者的情况。老妇人抽泣着一一回答。随后，孙思邈又问那个男人是谁，老妇人说是请来帮忙的邻居。孙思邈思索了一下，对那个男人说："快把棺材撬开，我要把老太太的儿媳妇救活。"只见那男人冷冷地说道："你这个老头真是大白天说梦话，我才不相信你能把死人救活。"就在这时，老妇人一下子就跪倒在孙思邈的面前，连声说道："您要是能把我的娃救活，我来生做牛做马也

民
MIN
间
JIAN
药
YAO
王
WANG

92

孙
SUN
思
SI
邈
MIAO

唐代唾盂

要报答您。"

　　孙思邈连忙将老婆婆扶起，转身又让那男人赶紧打开棺材盖儿。孙思邈仔细端详着这个"死去的人"，大约二十岁，脸色像蜡一样黄。孙思邈伸手摸了一下她的脉搏，虽然跳得特别细弱，但毕竟还是在跳啊。他非常谨慎地选择了三个穴位，从衣袋里掏出银针，轻轻地扎了下去。过了一会儿，棺材里居然传出了"哇哇哇"的婴儿啼哭声，一个男婴出生了。紧接着，产妇慢慢睁开双眼，轻声地问道："这是什么地方啊？我怎么躺在这儿呢？"老妇人流着豆粒般的眼泪，指着孙思邈说："孩子，我们幸亏遇上这位活神仙了，他把你给救活了！"那个帮忙的邻居竖起大拇指，向孙思邈连连道歉，称赞道："您老人家真是医术高明啊！"

　　孙思邈收起银针，给她们留下一些药，说明了吃法，起身准备走。

老妇人指着不远处的一个山坳说道："我家就住在那儿，请您无论如何也得到家里坐坐，我们全家人得好好感谢您啊！"孙思邈转身指向另一座山说："不行啊，我得马上去青石村，那儿还有个重病人等着我呢！"说完，向那座山走去。

夜幕降临，孙思邈终于走到了青石村。他多方打听，找到了病人陈老大住的破窑洞。陈老大躺在席子上，已经昏迷不醒，似乎只有出气没有进气。孙思邈马上对他进行抢救，半夜时分，陈老大终于苏醒过来。他睁开眼睛，看见一位白头发的老者在给自己治病，又高兴又感动，起身想道谢，可是身体一动，头又开始疼得像裂开一样，额头沁满了汗珠。孙思邈马上示意病人先别动，告诉他，只要头不疼了，吃几服汤药就会好了。说完，他马上给病人针灸。孙思邈选了几个穴位，可是不见效果。他按着古书上记载的方法，把能止痛的穴位都扎了一遍，仍没有任何效

窑洞

民
MIN
间
JIAN
药
YAO
王
WANG

94

孙
SUN
思
SI
邈
MIAO

唐代药枕

果。"这可怎么办哪？"孙思邈自言自语道，却一时间也想不出办法。看着陈老大不断地呻吟，他心如刀绞，暗暗自责：我要是不能减轻病人的痛苦，还算什么大夫呢！孙思邈考虑了一会儿，问陈老大哪儿最疼。陈老大有气无力地指着左腿，孙思邈用手在他腿上边按边问："是这儿吗？"陈老大摇摇头。他紧接着又按了几个地方，陈老大一直说不是。当他按到腿关节右上部时，陈老大突然说："啊——是——是这儿！"孙思邈立刻将针扎了下去，只见陈老大紧皱的眉头舒展开来。陈老大抹了一下头上的汗，说道："老先生，您这一针真是神奇，一扎上，我感觉浑身麻了一下，马上就不那么疼了。"陈老大好奇地问："这是什么穴位啊？以前的大夫从来没给我扎过这儿。"孙思邈听了，笑呵呵地说："你刚才不是一直在说'啊、是'吗？就叫它'阿是穴'吧！我以后

日出

再试试疼点在哪儿就扎哪儿之后，就把这些写进我的那本书里。"

折腾了一夜，这时天也蒙蒙亮了，孙思邈到来的消息已经传遍了全村。有好多人来请他到家里治病，他走出张家又马上被请去赵家，忙了一上午才看了一半的病人。下午，孙思邈继续给村民看病时，李老五急匆匆地跑来，上气不接下气地说："孙先生啊，您怎么还不回去呢？皇帝派来了一位使官，带着千两黄金在磐玉山等着您回去呢！"孙思邈看着眼前的病人，坚定地说："我决心在民间当一辈子的大夫，请他把黄金带回去吧！"

就这样，孙思邈不辞辛劳为百姓看病治病，一时被传为佳话。

知识加油站

孙思邈对针灸术也颇有研究，著有《明堂针灸图》，以针灸术作为药物的辅助疗法。他认为"良医之道，必先诊脉处方，次即针灸，内外相扶，病必当愈"，主张对疾病实行综合治疗。

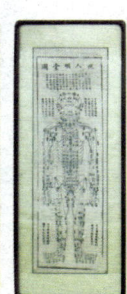

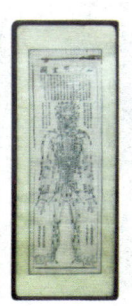

孙思邈《明堂针灸图》

第六章

著千金要方　惠及天下人

"人命至重，有贵千金。一方济之，德逾于此。"也就是说，人的生命在这个世界上是最重要的东西，比千两黄金还要珍贵。如果能用一剂方药来拯救人的生命，所积的功德要远远超出千两黄金的价值。所以，当时孙思邈就以"千金"来命名自己的这部医学著作。

唐高宗永徽三年（652 年），孙思邈终于完成了《千金要方》的撰写。这一天，一家老少都挤在他的书房里，看着他完成的新著，高兴万分。左邻右舍也纷纷前来祝贺，欢声笑语瞬间弥漫了整座磐玉山。这时，一位老大爷拄着拐杖，指着孙思邈的孙子孙溥，大声说道："你刚开始写这部书的时候，他还是个贪玩不懂事的大孩子，可现如今，已经成家有了孩子喽！"孙思邈不禁感叹道："是啊，这部书我写了整整二十年呢！"孙思邈的老伴望着丈夫，叹了一口气，说："你为了写这部书，吃了太多的苦头了！"孙思邈沉思了一会儿，说道："苦是没有白吃啊，只是觉得成绩太少了。"

　　一位识字的大叔大致浏览了一下《千金要方》，赞赏地说道："以后咱们老百姓家里要是有了这本书，就算家里有了病人一时找不到大夫，也可以从书中很快地查出医治的方法。这可真是一本备急的好书啊！书里的医方都是宝贵的，能值千金哪。"这时孙思邈的儿子接话道："我父亲的这部书其实就是为平民百姓编写的，不是为那些皇亲世家、门阀士族，他就是想通过这本书，把一些医学知识普及到大众中去。"

　　孙思邈一直以来崇尚养生，在食疗、养生方面颇有研究。他一直倡导将儒家、道家的养生思想与中医的养生理论相结合，并身体力行。他指导人们在日常生活中，要保持心态平和，不要一味地追逐名利，在饮食上也应当有所节制，不要暴饮暴食，注意保持气血畅通，不要懒惰不动，生活起居要有规律。他在卷二十六中指出："大夫在问清楚

民
MIN
间
JIAN
药
YAO
王
WANG

100

孙
SUN
思
SI
邈
MIAO

孙思邈《千金要方》

民
间
药
王

MIN
JIAN
YAO
WANG

102

孙
思
邈

SUN
SI
MIAO

患者的得病原因后，应该先用食物进行治疗，如果治疗效果不明显，再考虑用药。因为是药三分毒，用得不适合了不但治不了病，反而会危害到身体。如果能用食物治好患者的病，那才是真正的好大夫。"经过孙思邈多年的摸索实践，总结出二十九种果实、五十八种蔬菜、二十九种谷物、四十余种动物性味的功能和主治。比如说，葡萄可以治疗小便不利，海带可以治疗大脖子病，扁豆可以治疗腹泻呕吐，鲤鱼可以治疗咳嗽气喘，等等。唐高宗显庆四年（659 年），孙思邈受当时的本草学家苏敬的邀请，前来长安太医署，一起审查《新修本草》的初稿。有一天，孙思邈被召进宫见皇帝，他当时的年龄早已超过其他官员的退休年龄，认为不会再让他做官，就放心地跟着宦官出了门。他来到当时唐朝新的政治中心大明宫，宫廷深处，到处是亭台楼阁，花园里百花齐放，鸟语花香，丝竹长鸣，好不热闹。

唐代宫殿

孙思邈由一队宫女引进一座大殿，当时的唐高宗是一个面色苍白的青年。他让孙思邈坐下，说道："朕早已听说你精通养生之道，那么人怎么才能长命百岁、永远不死呢？"孙思邈回答道："我提倡的养生，是为了身体健康，可长生不死，这是谁也做不到的。"他见唐高宗聚精会神地听着，就继续说道："有古书中说过，'流水不腐，户枢不蠹'，人需要经常活动四肢、腰椎筋骨，才能起到祛病延年的效果。与此同时，还要养成良好的生活习惯，讲究卫生，规律饮食，细嚼慢咽，不要遇上喜欢吃的就吃得过饱，尤其是晚饭更不能多吃，饭后一定要漱口，不能吃完饭马上就睡觉。衣着也要根据四季的变化及时地增减，并且勤洗勤换。晚上睡觉时，不能把头蒙在被里，这样对身体不利。每天保持精神愉悦，开开心心，避免忧伤寡言，闷闷不乐。平时应当积极预防疾病，把病痛消灭在形成之前，否则就算是天天山珍海味、

鸟语花香

大鱼大肉，也会引起疾病的。"孙思邈说了很多关于养生的话，皇帝听后，若有所思地说："我听人说过，经常服用五石散，就能使人的身体变得像石头一样结实，永远不腐朽，是真的吗？"孙思邈非常严肃地说："我坚决反对服用五石散，以前有人服用过，结果有的人脊背溃烂，有的人变聋变瞎，更有严重的暴病而死。就拿当年写《针灸甲乙经》的晋代名医皇甫谧来说吧，他也因为这件事得了一场重病。当时他很痛苦，差点自杀。这五石散根本就是毒药，哪里是什么仙药啊！我经常告诫身边的人，发现这种药一定要立刻销毁，不要让它再留在世上害人了！"唐高宗听后频频点头。孙思邈非常重视养生，年逾百岁，还能出诊看病。

孙思邈一生非常注重医学道德的修养，在他撰写的《千金要方》中，首列"大医习业"与"大医精诚"两篇，这是我国最早的比较完整的医德方面的专论，充分体现了高尚的医德与高超的医技两相结合的医德规范。文中指出："凡大医治病，必当安神定志，无欲无求，先发大慈恻隐之心，誓愿普救含灵之苦"，他的这种淳朴的救死扶伤的人道主义精神，要求大夫把病人看成自己的亲人，把病人的痛苦当成自己的痛苦，不论是在当时，还是在当今的社会，都是值得我们认真学习和积极倡导的。

民
MIN
间
JIAN
药
YAO
王
WANG

104

孙
SUN
思
SI
邈
MIAO

恃其方而自用秘其方而自私
者皆非孫子意也因論之以告
讀斯編者
萬曆戊子冬日河陽陳文燭譔

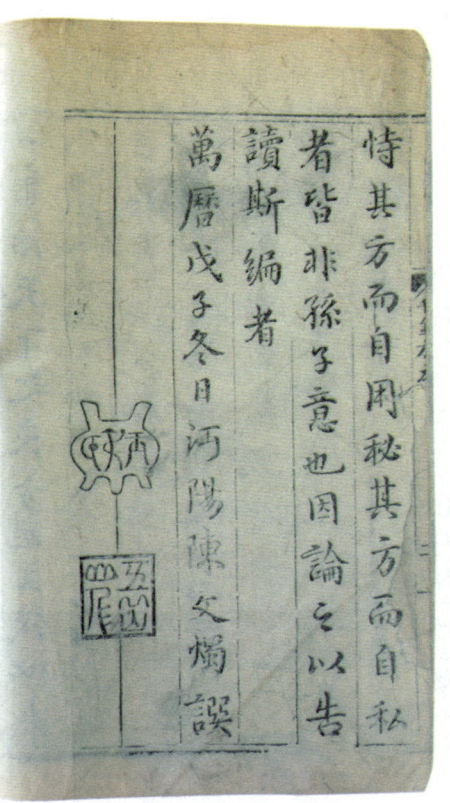

序
方書之設與六經相爲表裏古來聖君賢相未
有不藉此爲治世救民之先務也蓋六經所以
明道方書所以辨術道不明則世受病而權於
禍亂術不辨則身受病而即于喪亡是以神農
當百草以辨苦辛之藥黃帝岐伯創針灸以濟
陰陽之失伊尹製湯液而成調劑之宜傳至巫
咸俞尉華扁諸賢發明先聖賢之精蘊而教人
以診候察症疏腠理探脉息而行拯救故百不
失一猶夫堯舜禹湯文武周公歷承道統而著

孙思邈《千金要方》内文

孙思邈曾经说过，医德的高低，才是衡量大夫好坏的标准。有的大夫品质低劣，就算是有一定的医术，也无益于百姓，甚至还会成为残害人类生命的罪人。作为大夫，对待患者应该一视同仁，不分贫富贵贱，不论性别种族。遇到疑难病症，我们不能拒绝治疗，如果有人请我们出诊，不管白天还是黑夜，哪怕山路崎岖难行，都要立刻出发，不要考虑自己的疲劳和饥渴。而且在治病的时候，一定要全力以赴，聚精会神，不要夹杂着贪求钱财的念头，要时刻记住，能够解除病人的痛苦，是每一位大夫不可推卸的责任。大夫是极为高尚的工作，要想成为医术高明的大夫，必须孜孜不倦地学习各种医学经典，明白医学的源流，同时还要阅读大量的非专业书籍，这样才能进一步加深对医学的理解，成为一名合格的大夫。

在药物学研究方面，孙思邈投入了大量的心血。当年他开始行医

民
间
MIN
JIAN
药
王
YAO
WANG

106

孙
思
邈
SUN
SI
MIAO

现代悬壶济世雕像

黄
连

时，就是一边行医一边采药，曾经先后去过陕西的太白山、终南山，河南的嵩山，山西的太行山，四川的峨眉山等地，还深入民间，广泛收集各种单方药方、验方，并且认真学习各种药物的使用知识，在实践中应用，并且记载下很多的特效药。如用白头翁、马齿苋、黄连可以医治痢疾，蜀漆能治疗疟疾，槟榔可以治疗绦虫，龟甲还能治软骨病，等等。特别值得一提的是，他当时虽然不知道地方性甲状腺肿（也就是俗称的"大脖子病"）是碘质缺乏的缘故，但是他当时正确地使用了含有大量碘质的动物甲状腺作为药物为百姓治疗，并且效果很好。另外，孙思邈当时虽然不知道夜盲症（当时叫雀目病）是体内缺乏维生素 A 造成的，也不知道脚气病是由于缺乏维生素 B 造成的，但是他非常有创造性地应用含有丰富维生素 A 的动物肝脏治疗夜盲症，应用含有丰富维生素 B 的谷皮熬汤煮粥吃，在当时救治了一大批百姓，解

民
MIN
间
JIAN
药
YAO
王
WANG

108

孙
SUN
思
SI
邈
MIAO

唐代药碾

除了患者的痛苦。一直到 1642 年欧洲才有了论述脚气病的文献，比孙思邈晚了整整一千年。

在妇科和儿科方面，孙思邈一直颇有研究。在唐贞观年间，唐太宗李世民的长孙皇后怀孕超过十个月，却始终不能分娩，并且患上了重病，一卧不起。宫里不少太医多方治疗，但是不见好转。唐太宗每日愁眉不展，坐卧不安。这一日，唐太宗理完朝政，问徐懋功："皇后的病，宫里的这些太医都不能诊治，用药之后也没有效果，爱卿可知道哪里有名医，赶快请来诊治才是啊！"徐懋功听后，回答道："臣早前听说在华原县有一位名医叫孙思邈，他经常到各个地方采集药材，为老百姓治病，而且特别擅长儿科和妇科，好多疑难杂症经他治疗后都能妙手回春，药到病除。现在最好还是把他召进宫里，为皇后治疗才是！"唐太宗听后，立即派使臣马不停蹄地奔赴华原县，

唐代宫殿模型

民
MIN
间
JIAN
药
YAO
王
WANG

110

孙
SUN
思
SI
邈
MIAO

将孙思邈召进宫里。唐太宗马上召见了他，问道："听说孙先生医术超群，可以起死回生。如果能将皇后治愈，朕必有重赏。"在当时的封建社会，一向有"男女授受不亲"的说法，大夫一般不能接近女性患者，只能根据身边人的口述诊治开方。孙思邈是一位民间的大夫，更是不能接近皇后。于是他一面通过宫女细问病情，一面从太医那儿要来病历仔细查看，认真地分析研究，基本上掌握了皇后的情况之后，他取出一根红线，一端让宫女系在皇后手腕上，另一端通过竹帘拉出来。孙思邈捏着线的这一端，在房外"引线诊脉"。靠着一根细线的传动，他竟然能诊断清人体脉搏的跳动，真是太神奇了。这也是孙思邈一直以来被百姓称为神医的原因。又过了一会儿，孙思邈对皇帝说："我已经对病症进行了了解，皇后现在属于胎位不顺，

唐代药盒

在民间叫作小儿扳心，所以造成难产，十余月不生，导致身患重病。"唐太宗听后觉得言之有理，问道："你打算怎么治疗？"孙思邈即刻吩咐宫女，将皇后的手扶近竹帘，孙思邈看准穴位，猛地扎了一针。皇后疼痛，浑身颤抖，过了一会儿，就听见婴儿哇哇的啼哭声。只见宫女匆忙地跑出来说道："启禀皇上，皇后经孙大夫扎针之后，顺利产下一子，并且已经苏醒过来，现在母子平安！"唐太宗听后非常高兴，说道："孙先生果真名不虚传，医术高超，妙手回春，真是当代名医啊！今天医好皇后一事，可算得上奇功一件，朕想请你留在太医院，不知你意下如何？"孙思邈婉言谢绝了皇上的挽留，并且陈述了自己的志愿，不要官位，一心只想漂泊四方为百姓舍药治病。唐太宗听后，也不好再强行挽留，就赐给他"冲天冠"一顶、

"赫黄袍"一件、良马一匹、黄金千两、绸缎百匹，但都被孙思邈一一拒绝。通过这件事，唐太宗十分欣赏孙思邈，后来还亲自到华原县拜访他，并赐他颂词一首。

孙思邈一生著作有八十多部，其中的《千金要方》《千金翼方》都在后世广为流传。

知识加油站

悬丝诊脉的来历：唐太宗年间，孙思邈被召进宫里为长孙皇后医病。由于当时的社会男女有别，皇后母仪天下，更不能与男子接触，所以孙思邈便让人用一根红线系在皇后手腕上，通过这根红线来为她诊脉，最后医好了皇后的病，从此被后人传为佳话。

唐代脉枕

后记

674 年隆冬的一天，大雪过后，天气转晴，孙思邈因为年纪大了，向唐高宗提出回家休养。被批准后，他回到了阔别多年的孙家塬。此时白雪铺地，空气清爽，磐玉山素装淡裹，树枝上挂满了沉甸甸的雪团，放眼望去，有几只雄鹰在空中盘旋、追逐。孙思邈不禁回想起自己的童年，感叹道："长安虽好，但是散发着官场的浊气，和它相比，还是家乡好啊！"

孙思邈坐在家中，缓慢地铺开纸张，颤抖着拿起笔，可是每写一个字都很艰难。他叹了口气说道："我现在比当年写《千金方》那阵子差远了，老了！"就是这样，孙思邈还是夜以继日不停地写，他的孙子孙溥实在忍不住，挂着两行热泪跪在祖父的面前，苦苦哀求他不要过于操劳，要保重身体。之后，就变成了由他口述，孙溥执笔。

半年后的一天，他们爷孙俩正在忙碌着，从门外进来一个背着一兜草药的小伙子。小伙子大声说道："孙爷爷，听我母亲说您腿脚不方便，便让我采来一些草药给您送来！"说着，将药兜放在地上。孙思邈愣愣地看着眼前这个小伙子，迟疑地问道："你是——？"

孙溥连忙说道："他就是您二十多年前在去往青石村的路上，救活的那躺在棺材里的妇

民
MIN
间
JIAN
药
YAO
王
WANG

116

孙
SUN
思
SI
邈
MIAO

太白山

女生下的孩子呀！"

　　孙思邈向小伙子道了谢，又将草药一种一种地看了一遍，说道："每一种草药都有采摘的时间，太早或者太晚都不可以，会影响药效，你这几种有的采得正是时候，有的还没到时节。"小伙子马上说道："孙爷爷，这些没有人教我啊！"孙思邈问他："你识字吗？上过私塾吗？"小伙子说："我上过学，识字。"孙思邈顺手将刚写成的《千金翼方》的前四卷和《本草》给他看。小伙子看得入了迷，抬头问孙思邈："我想把这几卷抄下来可以吗？"孙思邈微笑着说："当然可以了。"

　　到了唐高宗永淳元年（682 年），爷孙俩终于完成了《千金翼方》三十卷。这部巨著的规模和《千金要方》不相上下，在第五、六、七、八卷里，分别总结了孕妇卫生知识和禁忌等；在第九、十两卷里编入了张仲景《伤寒论》的原文和钻研心得；在第二十六、二十七、二十八卷里，

民
间
药
王
MIN
JIAN
YAO
WANG

118

孙
思
邈
SUN
SI
MIAO

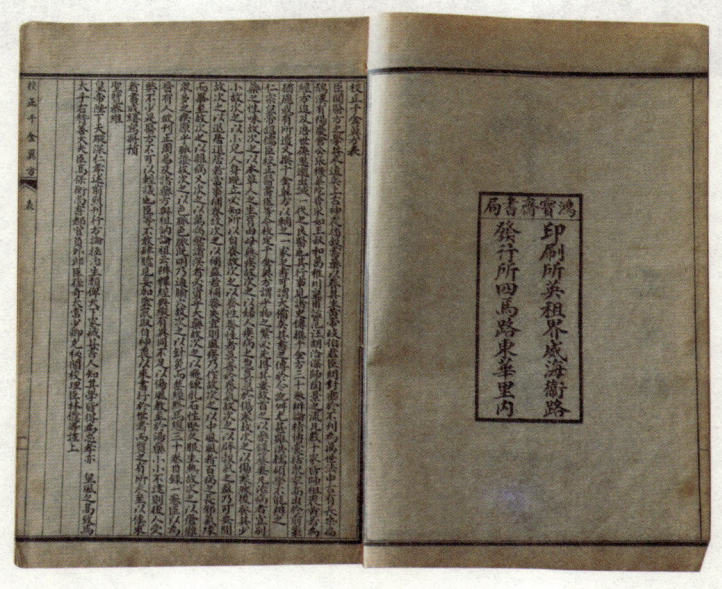

孙思邈《校正千金翼方》

暮秋

记录了关于针灸方面的知识。《千金翼方》填补了《千金要方》中的不足。

　　此后，孙思邈的身体一天不如一天，病情忽轻忽重。在暮秋的一个早晨，他让家人将他的徒弟们都叫到床前，笑着对他们说："我小时候啊，咱们宝鉴山就有一位大夫，可现如今是多多了！"他给徒弟们留下了遗嘱："大夫是极为崇高的职业，要想成为医术高明的大夫，就必须刻苦攻读并钻研各种医学经典，明白医学的源流，同时也要涉猎大量的各种专业的书籍，才能加深对医学的理解。不要治好一个病人，就自以为了不起，开始夸耀自己，诽谤别的大夫。医德的高低是衡量大夫好坏的标准之一。要终生记住，解除所有病人的痛苦，是每个大夫不可推卸的责任！"

　　后人评价孙思邈是一位以德养性、以德养身、德艺双馨的人物，他的一生创造了无数个第一个：他的医学巨著《千金要方》是中国历

民间药王
MIN
JIAN
药
YAO
王
WANG

120

孙 SUN
思 SI
邈 MIAO

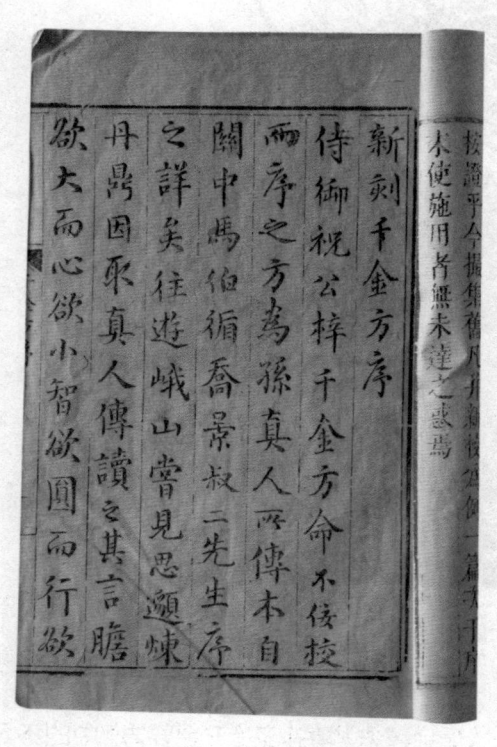

孙思邈《千金要方》内文

史上第一部临床医学百科全书，被国外学者推崇为"人类之至宝"；第一个完整论述医德；第一个倡导建立妇科、儿科；第一个麻风病方面的专家；第一个发明手指比量取穴法；第一个创绘彩色《明堂三人图》；第一个将美容药推向民间；第一个创立"阿是穴"；第一个扩大奇穴，选编针灸验方；第一个提出复方治病；第一个提出多样化用药外治牙病；第一个提出用草药喂牛，而使用其牛奶治病；第一个提出"针灸会用，针药兼用"和预防"保健灸法"；第一个系统、全面、具体论述药物种植、采集、收藏；第一个提出并试验成功野生药物变家种；首创地黄炮制和巴豆去毒炮制方法；首用胎盘粉治病；最早使用富含维生素 A 的动物肝脏治眼病；第一个治疗脚气病并最早用富含

维生素 B_1 的榖树皮煎汤煮粥食用预防脚气病和脚气病的复发，比欧洲人早一千年；首创以砷剂治疗疟疾，比英国人用砒霜制成的孚勒氏早一千年；第一个提出"防重于治"的医疗思想；首用羊靥（羊甲状腺）治疗甲状腺肿；第一个发明导尿术。

孙思邈一生著述八十余部，除了《千金要方》《千金翼方》外，还有《老子注》《庄子注》《枕中素书》一卷、《会三教论》一卷、《福禄论》三卷、《摄生真录》一卷、《龟经》一卷等。他不仅医术高明，在医者的精神上也颇有研究。他的著作《大医精诚》，不仅讲述了医术，也讲述了作为医者的精神。他是当之无愧的医学界大家，是值得敬仰的杰出人物。

西安孙思邈纪念馆